Mon album illustré bilingue
私のバイリンガル絵本

Les plus beaux contes pour enfants de Sefa en un seul volume

Ulrich Renz • Barbara Brinkmann:

Dors bien, petit loup · おおかみくんも ぐっすり おやすみなさい

À lire à partir de 2 ans

Cornelia Haas • Ulrich Renz:

Mon plus beau rêve · わたしの とびっきり すてきな ゆめ

À lire à partir de 2 ans

Ulrich Renz • Marc Robitzky:

Les cygnes sauvages · のの はくちょう

D'après un conte de fées de Hans Christian Andersen

À lire à partir de 5 ans

© 2024 by Sefa Verlag Kirsten Bödeker, Lübeck, Germany. www.sefa-verlag.de

Special thanks to Paul Bödeker, Freiburg, Germany

All rights reserved.

ISBN: 9783756304585

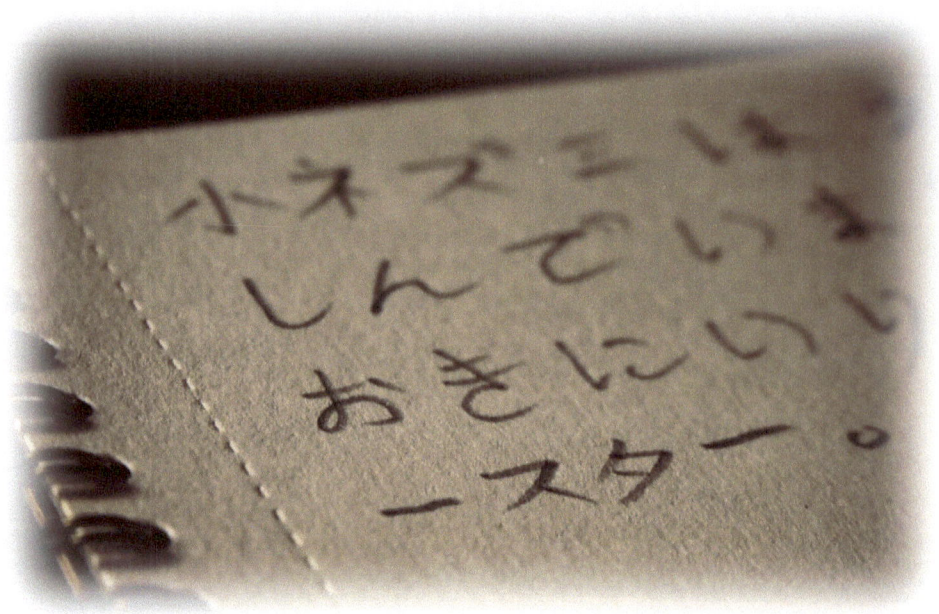

Note pour les étudiants du Japonais

Nous utilisons une sélection de Kanji simples dans le texte japonais du livre, à côté de Hiragana et Katakana. Pour les débutants, ces Kanji sont transcrits avec des caractères Hiragana.

Exemple : 見(み)

Dans l'annexe, vous trouverez le texte complet du livre avec le jeu de caractères Kanji complet, ainsi qu'une transcription latine (Romaji) et un tableau des Hiragana et Katakana.

Amusez-vous avec cette langue merveilleuse !

Éditions Sefa

Dors bien, petit loup

おおかみくんも ぐっすり　おやすみなさい

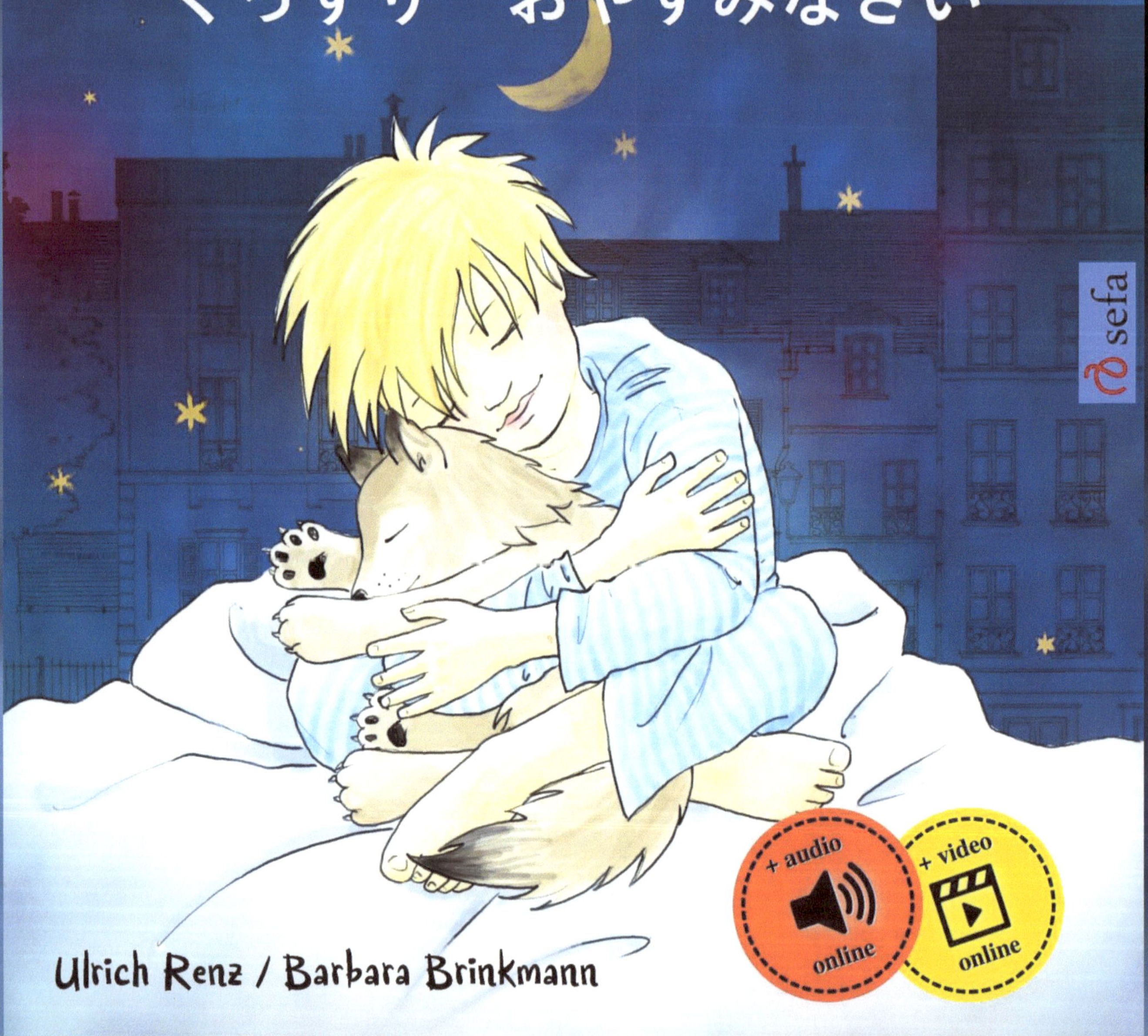

Ulrich Renz / Barbara Brinkmann

français　　　　　　　bilingue　　　　　　　japonais

Traduction:

Céleste Lottigier (français)

Mari Freise-Sato (japonais)

Livre audio et vidéo :

www.sefa-bilingual.com/bonus

Accès gratuit avec le mot de passe:

français: **LWFR1527**

japonais: **LWJA1910**

Bonne nuit, Tim ! On continuera à chercher demain.
Dors bien maintenant !

ティム、きょうは もうねようね。
またあした、いっしょに さがそうね。　おやすみなさい。

Dehors, il fait déjà nuit.

そとは もう くらく なりました。

Mais que fait Tim là ?

でも ティムは なにを しているのでしょう？

Il va dehors, à l'aire de jeu.
Qu'est-ce qu'il y cherche ?

ティムは、こうえんに でかけていきます。
なにを さがしに いくのでしょう？

Le petit loup !

Sans lui, il ne peut pas dormir.

さがしていたのは、おおかみくんでした。

ティムは　おおかみくんが　いないと　ねむれません。

Mais qui arrive là ?

あれ、こんどは　だれが　でてきたのでしょう？

Marie ! Elle cherche son ballon.

でてきたのは　マリーです。

マリーも　ボールを　さがしにきたのです。

Et Tobi, qu'est-ce qu'il cherche ?

こんどは　トビーが　でてきました。
なにを　さがしているのでしょう？

Sa pelleteuse.

さがしていたのは、ショベルカーです。

Et Nala, qu'est-ce qu'elle cherche ?

ナーラも　なにかを　さがしに　やってきました。
なにを　さがしているのでしょう？

Sa poupée.

それは　おにんぎょうでした。

Les enfants ne doivent-ils pas aller au lit ?
Le chat est très surpris.

「みんな　おうちに　かえって、ねなくても　いいのかな。」
ねこさんは　とても　しんぱいに　なりました。

Qui vient donc là ?

そして　また　やってきたのは。。。

Le papa et la maman de Tim !
Sans leur Tim, ils ne peuvent pas dormir.

ティムの ママと パパです。
ママと パパも ティムが いないと ねむれません。

Et en voilà encore d'autres qui arrivent !
Le papa de Marie. Le papi de Tobi. Et la maman de Nala.

そして もっと たくさんの ひとが やってきました。
マリーの パパと、トビーの おじいさんと、ナーラの ママです。

Vite au lit maintenant !

さあ、はやく かえって いそいで ねよう！

Bonne nuit, Tim !

Demain nous n'aurons plus besoin de chercher.

おやすみ、ティム。

あしたは　もう　さがさなくても　いいんだよ。

Dors bien, petit loup !

おおかみくんも　ぐっすり　おやすみなさい。

Here you find *Sleep Tight, Little Wolf* in a Kanji-enriched and a Romaji version.
The Romaji transcription uses a version of the Hepburn System.

おおかみくんのお話を、たくさん漢字を使ったテキストとローマ字の
テキストにしました。ローマ字は、ヘボン式で書きました。

おおかみくんも　ぐっすり　おやすみなさい
狼　　　　くんも　ぐっすり　お休み　なさい
Ôkami　　　kun　mo　gussuri　　oyasumi　nasai

ティム、きょうは もうねようね。またあした、いっしょに さがそうね。
ティム、今日　は もう寝ようね。また明日、　一緒　　に 探そう　ね。
Timu、　kyô　　wa mô neyô ne。Mata ashita、issho　ni sagasô　ne。

おやすみ なさい。
お休み　なさい。
Oyasumi　nasai 。

そとは　もうくらく なりました。
外　は　もう暗く　なりました。
Soto wa　mô　kuraku narimashita。

でも　ティムは　なにを しているのでしょう？
でも　ティムは　何　をしているのでしょう？
Demo timu wa　nani o shite iru nodeshô ?

ティムは、こうえんに でかけていきます。
ティムは、公園 に 出掛けていきます。
Timu wa、kôen ni dekakete ikimasu。

なにをさがしに いくのでしょう？
何を 探し に 行くのでしょう？
Nani o sagashi ni iku nodeshô ?

さがしていたのは、おおかみくんでした。
探して いたのは、狼 くんでした。
Sagashite ita no wa、ôkami kun deshita。

ティムは おおかみくんが いないと ねむれません。
ティムは 狼 くんが いないと 眠れません。
Timu wa ôkami kun ga inai to nemuremasen。

あれ、こんどは だれが でてきたのでしょう？
あれ、今度 は 誰 が 出て来たのでしょう？
Are、kondo wa dare ga dete kita nodeshô ?

でてきた のは マリーです。
出て来 のは マリーです。
Dete kita no wa marî desu。

マリーも ボールを さがしにきたのです。
マリーも ボールを 探し に来たのです。
Marî mo bôru o sagashi ni kita nodesu。

こんどは トビーが でてきました。
今度 は トビーが 出て来ました。
Kondo wa tobî ga dete kimashita。

なにを さがして いるのでしょう？
何 を 探して いるのでしょう？
Nani o sagashite iru nodeshô ?

さがしていたのは、ショベルカーです。
探して いたのは、ショベルカーです。
Sagashite ita no wa、shoberukâ desu。

ナーラも なにかを さがしに やってきました。
ナーラも 何かを 探し に 遣ってきました。
Nâra mo nani ka o sagashi ni yatte kimashita。

なにを さがして いるのでしょう？
何を 探して いるのでしょう？
Nani o sagashite iru nodeshô？

それは おにんぎょうでした。
それは お人形 でした。
Sore wa o ningyô deshita。

「みんな おうちに かえって、ねなくても いいのかな。」
「みんな お家 に 帰って、 寝なくても 良いのかな。」
「Minna o uchi ni kaette、 nenakute mo ii no kana。」

ねこさんは とても しんぱいに なりました。
猫 さんは とても 心配 に なりました。
Neko san wa totemo shinpai ni narimashita。

そして また やってきたのは．．．
そして 又 遣ってきたのは．．．
Soshite mata yatte kita no wa…

ティムの ママ とパパです。
ティムの ママ とパパです。
Timu no mama to papa desu。

ママと パパも ティムが いないと ねむれません。
ママと パパも ティムが 居ないと 眠れません。
Mama to papa mo timu ga inai to nemuremasen。

そして もっと たくさんの ひとが やってきました。
そして もっと 沢山 の 人 が 遣ってきました。
Soshite motto takusan no hito ga yatte kimashita。

マリーの パパと、トビーの おじいさんと、ナーラの ママ です。
マリーの パパと、トビーの お爺 さんと、ナーラの ママ です。
Marî no papa to、tobî no ojii san to、nâra no mama desu。

さあ、はやく かえって いそいで ねよう！
さあ、早く 帰って 急いで 寝よう！
Sâ、 hayaku kaette isoide neyô！

おやすみ、ティム。
お休み、 ティム。
Oyasumi、 timu。

あしたは もう さがさなくても いいんだよ。
明日 は もう 探さなくて も 良いんだよ。
Ashita wa mô sagasanakute mo iinda yo。

おおかみくんも ぐっすり おやすみなさい。
狼 くんも ぐっすり お休み なさい。
Ôkami kun mo gussuri oyasumi nasai。

Lulu n'arrive pas à s'endormir. Tous les autres rêvent déjà – le requin, l'éléphant, la petite souris, le dragon, le kangourou, le chevalier, le singe, le pilote. Et le bébé lion. Même Nounours a du mal à garder ses yeux ouverts.

Eh Nounours, tu m'emmènes dans ton rêve ?

ルルは　ねむれません。
ほかの　ぬいぐるみたちは　もう
夢(ゆめ)を　見(み)ています——
サメや　ぞう、小(こ)ネズミ、
ドラゴン、カンガルー、
騎士(きし)、さる、パイロット。
それに、赤(あか)ちゃんライオン。
くまの　目(め)も　もう
とじかかっています。

くまさん、夢(ゆめ)の　中(なか)へ
つれてってくれるの？

Tout de suite, voilà Lulu dans le pays des rêves des ours. Nounours attrape des poissons dans le lac Tagayumi. Et Lulu se demande qui peut bien vivre là-haut dans les arbres ?

Quand le rêve est fini, Lulu veut encore une aventure. Viens avec moi, allons voir le requin ! De quoi peut-il bien rêver ?

すると もう ルルは、くまの 夢(ゆめ)の 国(くに)の 中(なか)。
くまは タガユミ湖(こ)で 魚(さかな)を つっています。ルルは びっくり、
あの 木(き)の 上(うえ)に だれが すんでいるのだろう？夢(ゆめ)が おわる
と、ルルは もっと 見(み)たくなりました。
いっしょに おいでよ、サメのところへ いこう！どんな 夢(ゆめ)を
見(み)ているのかなあ？

Le requin joue à chat avec les poissons. Enfin, il a des amis ! Personne n'a peur de ses dents pointues.

Quand le rêve est fini, Lulu veut encore une aventure. Venez avec moi, allons voir l'éléphant ! De quoi peut-il bien rêver ?

サメは　魚(さかな)たちと　鬼(おに)ごっこをしています。やっと　友(とも)だちが
できたのです！だれも　サメの　とがった　歯(は)を　こわがりません。
夢(ゆめ)が　おわると、ルルは　もっと　見(み)たくなりました。
いっしょに　おいでよ、ぞうのところへ　いこう！どんな　夢(ゆめ)を
見(み)ているのかなあ？

L'éléphant est léger comme une plume et il peut voler ! Dans un instant il va se poser dans la prairie céleste.

Quand le rêve est fini, Lulu veut encore une aventure. Venez avec moi, allons voir la petite souris. De quoi peut-elle bien rêver ?

ぞうは 羽毛(うもう)のように かるくなって、飛(と)ぶことができます！
ちょうど 空(そら)の 草(そう)げんに おり立(た)つところです。
夢(ゆめ)が おわると、ルルは もっと 見(み)たくなりました。
いっしょに おいでよ、小(こ)ネズミのところへ いこう！ どんな 夢(ゆめ)を 見(み)ているのかなあ？

La petite souris visite la fête foraine. Ce qui lui plaît le plus, ce sont les montagnes russes.

Quand le rêve est fini, Lulu veut encore une aventure. Venez avec moi, allons voir le dragon. De quoi peut-il bien rêver ?

小(こ)ネズミは えん日(にち)を たのしんでいます。
一(いち)ばんの おきにいりは ジェットコースター。
夢(ゆめ)が おわると、ルルは もっと 見(み)たくなりました。
いっしょに おいでよ、ドラゴンのところへ いこう！ どんな 夢(ゆめ)を
見(み)ているのかなあ？

Le dragon a soif à force de cracher le feu. Il voudrait boire tout le lac de limonade !

Quand le rêve est fini, Lulu veut encore une aventure. Venez avec moi, allons voir le kangourou. De quoi peut-il bien rêver ?

ドラゴンは　火(ひ)を　たくさん　ふいたので、　のどが　かわいています。
レモネードの　湖(みずうみ)を　ぜんぶ　のみほせたら　さいこうだな。
夢(ゆめ)が　おわると、ルルは　もっと　見(み)たくなりました。
いっしょに　おいでよ、カンガルーの　ところへ　いこう！どんな　夢(ゆめ)を　見(み)ているのかなあ？

Le kangourou sautille dans la fabrique de bonbons et remplit sa poche. Encore plus de ces bonbons bleus ! Et plus de sucettes ! Et du chocolat ! Quand le rêve est fini, Lulu veut encore une aventure. Venez avec moi, allons voir le chevalier ! De quoi peut-il bien rêver ?

カンガルーは あまい おかしの こうじょうを ぴょんぴょん とびまわって、ふくろいっぱいに つめこんでいます。あおい あめ玉(だま)を もっと たくさん！ぺろぺろキャンディーも もっと！それに チョコレートも！
夢(ゆめ)が おわると、ルルは もっと 見(み)たくなりました。
いっしょに おいでよ、騎士(きし)の ところへ いこう！どんな 夢(ゆめ)を 見(み)ているのかなあ？

Le chevalier a une bataille de gâteaux avec la princesse de ses rêves. Ouh-la-la, le gâteau à la crème a râté son but !
Quand le rêve est fini, Lulu veut encore une aventure. Venez avec moi, allons voir le singe ! De quoi peut-il bien rêver ?

騎士(きし)は あこがれの 夢(ゆめ)の 王女(おうじょ)さまと トルテ投(な)げ
遊(あそ)びをしています。おっと！クリームトルテは あたりませんでした！
夢(ゆめ)が おわると、ルルは もっと 見(み)たくなりました。
いっしょに おいでよ、さるのところへ いこう！どんな 夢(ゆめ)を
見(み)ているのかなあ？

Il a enfin neigé au pays des singes. Toute leur bande est en folie, et fait des bêtises.

Quand le rêve est fini, Lulu veut encore une aventure. Venez avec moi, allons voir le pilote ! Sur quel rêve a-t-il pu se poser ?

ついに さるの 国(くに)に 一(いち)どだけ 雪(ゆき)が ふりました！
さるたちは われを わすれて 大(おお)さわぎ。
夢(ゆめ)が おわると、ルルは もっと 見(み)たくなりました。
いっしょに おいでよ、パイロットのところへ いこう！どんな 夢(ゆめ)に
ちゃくりくしたのかなあ？

Le pilote vole et vole. Jusqu'au bout du monde, et encore au delà, jusqu'aux étoiles. Jamais aucun pilote ne l'avait fait.

Quand le rêve est fini, ils sont déjà tous très fatigués, et n'ont plus trop envie d'aventures. Mais quand même, ils veulent encore voir le bébé lion.

De quoi peut-il bien rêver ?

パイロットは　どんどん　飛(と)んでいきます。せかいの　はてまで、さらに
もっと　とおく星(ほし)ぼしのところまで。そんなことを　やりとげた
パイロットは　ほかにいません。
夢(ゆめ)が　おわると、みんな　もう　くたくたで、もう　そんなに　たくさん
見(み)たくありません。それでも　赤(あか)ちゃんライオンのところへは
いきたいな。どんな　夢(ゆめ)を　見(み)ているのかなあ？

Le bébé lion a le mal du pays, et voudrait retourner dans son lit bien chaud et douillet.
Et les autres aussi.

Et voilà que commence ...

赤(あか)ちゃんライオンは　ホームシックにかかって、あたたかい
ふわふわの　ベッドに　もどりたがっています。それに　ほかの　みんなも。

そして　これから　はじまるのは……

... le plus beau rêve
de Lulu.

......ルルの
とびっきり すてきな 夢(ゆめ)。

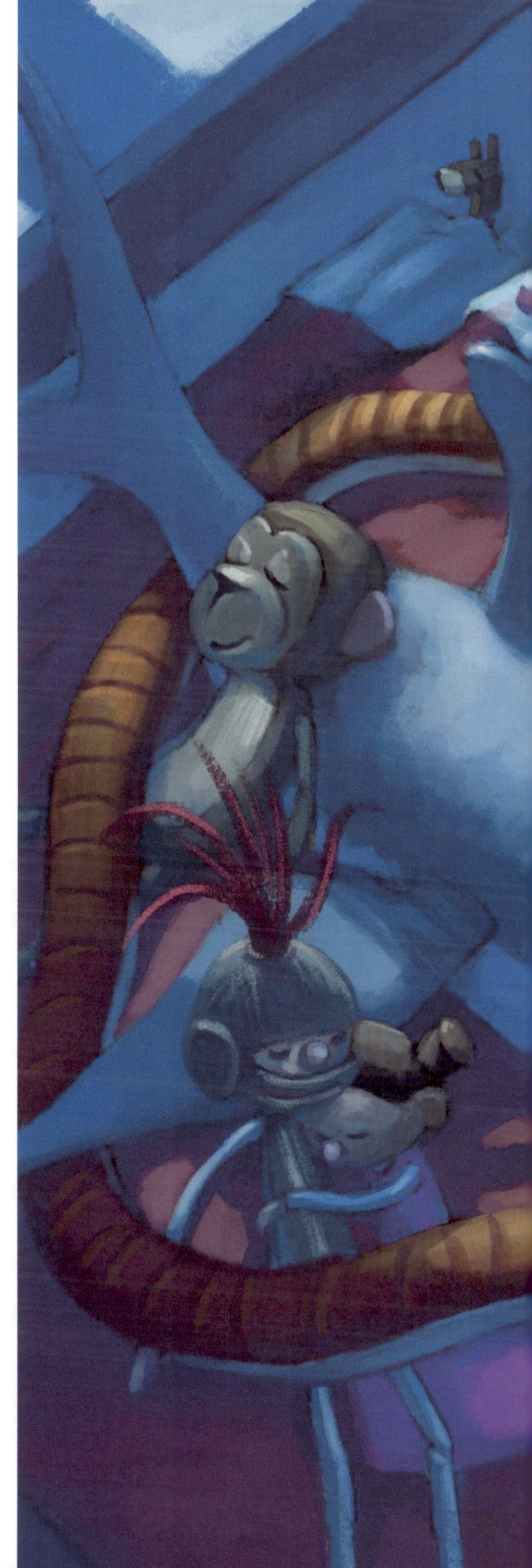

Here is Lulu's story in a Kanji-enriched and a Romaji version.

The Romaji transcription uses a version of the Hepburn System.

ルルのお話を、たくさん漢字を使ったテキストとローマ字のテキストにしました。

ローマ字は、ヘボン式で書きました。

わたしの　とびっきり　すてきな　ゆめ
私　　の　とびっきり　素敵な　　夢

Watashi no　　tobikkiri　　　sutekina　　　yume

ルルは　ねむれません。ほかの　みんなは　もう　ゆめを　みています。
ルルは　眠れません。　他の　みんなは　もう　夢を　見ています。
Ruru wa　nemuremasen。Hoka no　minna wa　mô　yume o　mite imasu。

サメや　ぞう、こネズミ、ドラゴン、カンガルー、きし、さる、パイロット。
鮫や　象、小鼠、　ドラゴン、カンガルー、騎士、猿、　パイロット。
Same ya　zô、konezumi、doragon、kangarû、kishi、saru、pairotto。

それに、あかちゃんライオン。くまのめも、もうとじかかっています。
それに、赤ちゃん　ライオン。熊の目も、もう閉じかかっています。
Soreni、akachan raion。Kuma no me mo、mô toji kakatte imasu。

くまさん、ゆめのなかへつれてってくれるの？
熊さん、夢の中へ連れてってくれるの？
Kuma san、yume no naka e tsuretette kureru no？

すると　もう　ルルは、くまの　ゆめのくにのなか。
すると　もう　ルルは、熊の　夢の国の中。
Suruto　mô　ruru wa、kuma no　yume no kuni no naka。

くまは　タガユミこで　さかなを　つっています。
熊は　タガユミ湖で　魚を　釣っています。
Kuma wa　tagayumi-ko de sakana o　tsutte imasu。

ルルは　びっくり、あの　きのうえに　だれが　すんでいるのだろう？
ルルは　びっくり、あの　木の上に　誰が　住んでいるのだろう？
Ruru wa　bikkuri、ano　ki no ue　ni　dare ga　sunde iru　no darô？

ゆめがおわると、ルルは　もっと　みたくなりました。
夢が終わると、ルルは　もっと　見たくなりました。
Yume ga owaru to、ruru wa　motto mitaku narimashita。

いっしょに おいでよ、サメの ところへ いこう！
一緒 に おいでよ、鮫 の 所 へ 行こう！
Issho ni oide yo、 same no tokoro e ikô！

どんな ゆめを みているのかなあ？
どんな 夢 を 見ているのかなあ？
Donna yume o mite iru no kanâ？

サメは さかなたちと おにごっこを しています。
鮫 は 魚 たちと 鬼 ごっこを しています。
Same wa sakana tachi to oni gokko o shite imasu。

やっと ともだちが できたのです！
やっと 友達 が 出来たのです！
Yatto tomodachi ga dekita nodesu！

だれも サメの とがった はを こわがりません。
誰 も 鮫 の 尖った 歯を 怖がりません。
Dare mo same no togatta ha o kowagarimasen。

ゆめがおわると、ルルは もっと みたくなりました。
夢 が 終わると、ルルは もっと 見たくなりました。
Yume ga owaru to、ruru wa motto mitaku narimashita。

いっしょに おいでよ、ぞうのところへ いこう！
一緒に おいでよ、象 の 所 へ 行こう！
Issho ni oide yo、zô no tokoro e ikô！

どんな ゆめを みているのかなあ？
どんな 夢 を 見ているのかなあ？
Donna yume o mite iru no kanâ？

ぞうは うもうのように かるくなって、とぶことが できます！
象 は 羽毛 の 様 に 軽くなって、 飛ぶ事 が 出来ます！
Zō wa umô no yô ni karukunatte、 tobukoto ga dekimasu！

ちょうど そらのそうげんに おりたつ ところ です。
ちょうど 空 の 草原 に 降り立つ 所 です。
Chôdo sora no sôgen ni oritatsu tokoro desu。

ゆめが おわると、ルルは もっと みたく なりました。
夢 が 終わると、ルルは もっと 見たく なりました。
Yume ga owaru to、ruru wa motto mitaku narimashita。

いっしょに おいでよ、コネズミの ところへ いこう！
一緒 に おいでよ、小鼠 の 所 へ 行こう！
Issho ni oide yo、konezumi no tokoro e ikô！

どんな ゆめを みて いるの かなあ？
どんな 夢 を 見て いるの かなあ？
Donna yume o mite iru no kanâ？

コネズミは えんにちを たのしんで います。
小鼠 は 縁日 を 楽しんで います。
Konezumi wa en-nichi o tanoshinde imasu。

いちばんの おきにいりは ジェットコースター。
一番 の お気に入り は ジェットコースター。
Ichiban no okiniiri wa jettokôsutâ。

ゆめが おわると、ルルは もっと みたく なりました。
夢 が 終わると、ルルは もっと 見たく なりました。
Yume ga owaru to、ruru wa motto mitaku narimashita。

いっしょに おいでよ、ドラゴンの ところへ いこう！
一緒 に おいでよ、ドラゴンの 所 へ 行こう！
Issho ni oide yo、doragon no tokoro e ikô！

どんな ゆめを みて いるの かなあ？
どんな 夢 を 見て いるの かなあ？
Donna yume o mite iru no kanâ？

ドラゴンは ひを たくさん ふいたので、 のどが かわいて います。
ドラゴンは 火を 沢山 吹いたので、 喉 が 乾いて います。
Doragon wa hi o takusan fuita node、nodo ga kawaite imasu。

レモネードの みずうみを ぜんぶ のみほせたら さいこうだ な。
レモネードの 湖 を 全部 飲み干せたら 最高だ な。
Remonêdo no mizu-umi o zenbu nomihosetara saikôda na。

ゆめが おわると、ルルは もっと みたく なりました。
夢 が 終わると、ルルは もっと 見たく なりました。
Yume ga owaru to、ruru wa motto mitaku narimashita。

いっしょに　おいでよ、カンガルーのところへ　いこう！
一緒　　に　おいでよ、カンガルーの所　　へ　行こう！
Issho　　ni　　oide yo、kangarû　no tokoro e　　ikô！

どんな　ゆめを　みているのかなあ？
どんな　夢　を　見ているのかなあ？
Donna　　yume o　mite iru　no kanâ？

カンガルーは　あまい　おかしの　こうじょうを　ぴょんぴょん
カンガルーは　甘い　　お菓子の　工場　　　をぴょんぴょん
Kangarû　　wa　amai　okashi no　kôjô　　　o　　pyonpyon

とびまわって、ふくろ いっぱいに　つめこんでいます。
飛び回って、　袋　　　一杯　　　に　詰め込んでいます。
tobimawatte、　fukuro ippai　　ni　tsumekonde imasu。

あおい　あめだまを　もっと　たくさん！
青い　　飴　玉　を　もっと　沢山！
Aoi　　　ame dama o　motto　takusan！

ぺろぺろキャンディーも　もっと！
ぺろぺろキャンディーも　もっと！
Peropero kyandî　　　mo　motto！

それに　チョコレートも！
それに　チョコレートも！
Sore ni　chokorêto　　mo！

ゆめがおわる　と、ルルは　もっと　みたくなりました。
夢　が終わる　と、ルルは　もっと　見たくなりました。
Yume ga owaru　to、ruru wa　　motto　mitaku narimashita。

いっしょに　おいでよ、きしのところへ　いこう！
一緒に　　おいでよ、　騎士の所　　へ　行こう！
Issho ni　　oide yo、　　　kishi no tokoro e　　ikô！

どんな　ゆめを　みているのかなあ？
どんな　夢　を　見ているのかなあ？
Donna　　yume o　mite iru　no kanâ？

きしは あこがれ のゆめ の おうじょ さま と
騎士は 憧れ の夢 の王女 様 と
Kishi wa akogare no yume no ôjo sama to

トルテ なげ あそびを しています。
トルテ 投げ 遊び を しています。
torute nage asobi o shite imasu。

おっと！クリームトルテは あたりません でした！
おっと！クリームトルテは 当たりません でした！
Otto！ Kurîmutorute wa atarimasen deshita！

ゆめ が おわる と、ルルは もっと みたく なりました。
夢 が終わる と、ルルは もっと 見たく なりました。
Yume ga owaru to、ruru wa motto mitaku narimashita。

いっしょに おいでよ、さるのところへ いこう！
一緒に おいでよ、猿 の所 へ 行こう！
Issho ni oide yo、saru no tokoro e ikô！

どんな ゆめを みているのかなあ？
どんな 夢 を 見ているのかなあ？
Donna yume o mite iru no kanâ？

ついに さるのくにに いちどだけ ゆきが ふりました！
遂に 猿 の国 に 一度だけ 雪 が 降りました！
Tsuini saru no kuni ni ichidodake yuki ga furimashita！

さるたちは われを わすれて おおさわぎ。
猿 達 は 我 を 忘れて 大騒ぎ。
Saru tachi wa ware o wasurete ôsawagi。

ゆめ が おわる と、ルルは もっと みたく なりました。
夢 が終わる と、ルルは もっと 見たく なりました。
Yume ga owaru to、ruru wa motto mitaku narimashita。

いっしょに おいでよ、パイロットのところへ いこう！
一緒 に おいでよ、パイロット の所 へ 行こう！
Issho ni oide yo、pairotto no tokoro e ikô！

どんな ゆめに ちゃくりく したの かなあ？
どんな 夢 に 着陸 したの かなあ？
Donna yume ni chakuriku shita no kanâ？

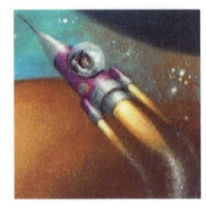

パイロットは　どんどん　とんで　いきます。
パイロットは　どんどん　飛んで　行きます。
Pairotto　wa　dondon　tonde　ikimasu。

せかいの　はてまで、さらに　もっと　とおくの　ほしぼしの　ところまで。
世界　の　果てまで、更に　もっと　遠く　の　星々　の　所　まで。
Sekai　no　hate made、sara ni　motto　tôku　no hoshiboshi no　tokoro　made。

そんな　ことを　やりとげた　パイロットは　ほかに　いません。
そんな　事　を　やり遂げた　パイロットは　他　に　いません。
Sonna　koto o　yaritogeta　pairotto　wa　hoka ni　imasen。

ゆめが おわると、ルルは　もっと　みたく　なりました。
夢　が 終わると、ルルは　もっと　見たく　なりました。
Yume ga owaru　to、ruru wa　motto　mitaku　narimashita。

もう　そんなに　たくさん　みたく　ありません。
もう　そんなに　沢山　　　見たく　ありません。
Mô　sonnani　takusan　mitaku　arimasen。

それでも　あかちゃん ライオンの ところへは　いきたい な。
それでも　赤ちゃん　ライオンの 所　へは　行きたい な。
Soredemo　akachan　raion　no tokoro e wa　ikitai　na。

どんな　ゆめを　みて いる のかなあ？
どんな　夢　を　見て いる のかなあ？
Donna　yume o　mite iru　no kanâ？

あかちゃん ライオンは　ホームシックに　かかって、あたたかい　ふわふわの
赤ちゃん　ライオンは　ホームシックに　罹って、　暖かい　　ふわふわの
Akachan　raion　wa　hômushikku　ni　kakatte、atatakai　fuwafuwa no

ベッドに　もどりたがって います。それに　ほかの　みんなも。
ベッドに　戻りたがって　います。それに　他　の　みんなも。
beddo ni　modoritagatte　imasu。Soreni　hoka no　minna　mo。

そして　これから　はじまる のは……
そして　これから　始まる　のは……
Soshite　korekara　hajimaru　no wa……

……ルルの　とびっきり　すてきな　ゆめ。
……ルルの　とびっきり　素敵な　　夢。
……ruru no　tobikkiri　sutekina　yume。

Ulrich Renz • Marc Robitzky

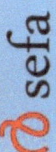

sefa
Ulrich Renz · Marc Robitzky
Les cygnes sauvages
のの はくちょう
D'après un conte de fées de
Hans Christian Andersen
+ audio
+ video
français
bilingue
japonais

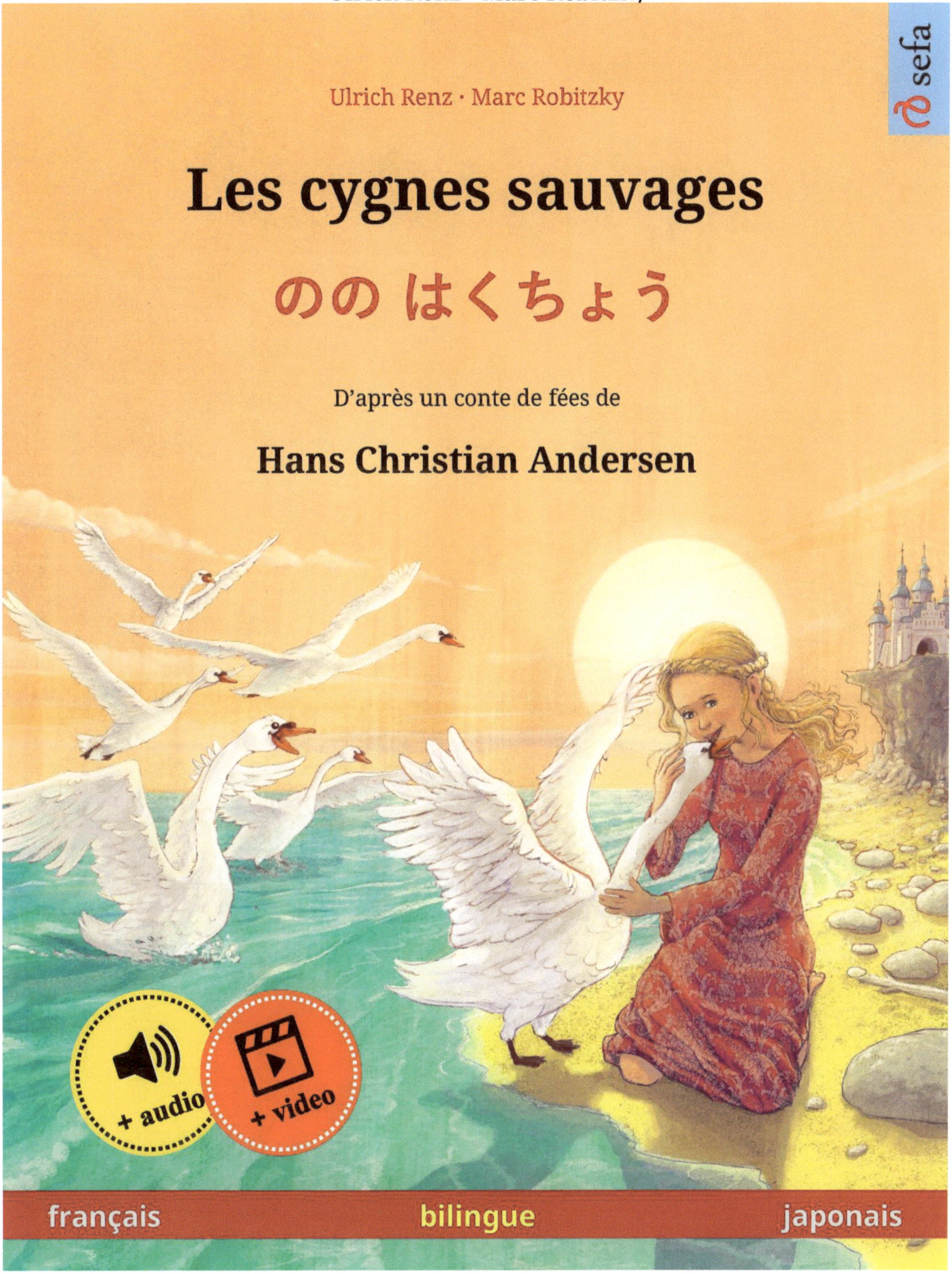

Il était une fois douze enfants royaux — onze frères et une sœur ainée, Elisa. Ils vivaient heureux dans un magnifique château.

むかしむかし、十二人(じゅうににん)の 王(おう)さまの こどもたちが ありました。十一人(じゅういちにん)の おとこの きょうだいと あねの エリザです。すばらしく うつくしい お城(しろ)に しあわせに くらしていました。

Un jour, la mère mourut, et après un certain temps, le roi se remaria. Mais la nouvelle épouse était une méchante sorcière. Elle changea les onze princes en cygnes et les envoya dans un pays éloigné, au delà de la grande forêt.

ある日(ひ)、おかあさまが なくなってしまいました。しばらく
すると、王(おう)さまは あたらしい おきさきを むかえました。
ところが、そのおきさきは わるい 魔女(まじょ)でした。
十一人(じゅういちにん)の 王子(おうじ)を 魔法(まほう)で
はくちょうに かえて、大(おお)きな 森(もり)の むこうの
とおい 国(くに)へ おいはらってしまいました。

Elle habilla la fille de haillons et enduisit son visage d'une pommade répugnante, si bien que son propre père ne la reconnut pas et la chassa du château. Elisa courut vers la sombre forêt.

おきさきは むすめに ぼろを きせ、みにくい ぬりぐすりを 顔(かお)に すりこみました。すると、じつの おとうさまでさえ むすめが わからなくなって お城(しろ)から おいだしてしまいました。
エリザは くらい 森(もり)の 中(なか)へ かけこみました。

Elle était alors toute seule et ses frères lui manquaient terriblement au plus profond de son âme. Quand le soir vint, elle se confectionna un lit de mousse sous les arbres.

エリザは 今(いま)、ひとりぼっちになって、いなくなった きょうだいたちを 心(こころ)から 恋(こい)しがりました。晩(ばん)に なると、木(き)の 下(した)に 苔(こけ)の ベッドを こしらえました。

Le lendemain matin, elle arriva à un lac tranquille et fut choquée de voir son reflet dans l'eau. Une fois lavée, cependant, elle redevint le plus bel enfant royal sous le soleil.

つぎの朝(あさ)、エリザは ひっそり とした みずうみに やってきました。 そして 水面(すいめん)に うつった 顔(かお)を みて びっくりしました。 けれども 水(みず)で あらうと、 エリザより うつくしい 王(おう)さま の こどもは、このよに ふたりとは ありませんでした。

Après de nombreux jours, elle arriva à la grande mer. Sur les vagues dansaient onze plumes de cygnes.

いく日(にち)も いく日(にち)も かかって、エリザは 大(おお)きな 海(うみ)に たどりつきました。 なみに 十一(じゅういち)まいの はくちょうの はねが ゆられていました。

Au coucher du soleil, il y eut un bruissement dans l'air, et onze cygnes sauvages se posèrent sur l'eau. Elisa reconnut tout de suite ses frères ensorcelés. Mais comme ils parlaient la langue des cygnes, elle ne pouvait pas les comprendre.

お日(ひ)さまが しずむと、空中(くうちゅう)で ばさっばさっと
音(おと)がして、十一羽(じゅういちわ)の 野(の)の はくちょうが
水面(すいめん)に まいおりました。エリザは すぐに
魔法(まほう)を かけられた きょうだいたちだと きづきました。
けれども、はくちょうの ことばが はなせなかったので、
きょうだいたちの いうことは わかりませんでした。

Chaque jour, les cygnes s'envolaient au loin, et la nuit, les frères et sœurs se blottissaient les uns contre les autres dans une grotte.

Une nuit, Elisa fit un rêve étrange : sa mère lui disait comment racheter ses frères. Elle devrait tricoter une chemise d'orties à chacun des cygnes et les leur jeter dessus. Mais avant d'en être là, il ne fallait pas qu'elle prononce un seul mot : sinon ses frères allaient mourir.
Elisa se mit au travail immédiatement. Et bien que ses mains lui brûlaient comme du feu, elle tricotait et tricotait inlassablement.

昼(ひる)のあいだ、はくちょうは どこかへ とんでいきました。
夜(よる)になると エリザと きょうだいたちは、ほら穴(あな)の
中(なか)で 身(み)を よせあって あたたまりました。

ある夜(よ)、エリザは ふしぎな ゆめを みました。おかあさまが
きょうだいたちを すくう ほうほうを おしえてくれたのです。
「イラクサで 一羽一羽(いちわいちわ)に シャツを 編(あ)んで
はくちょうに なげかけなさい。ただし、そのときまでは だれとも
口(くち)を きいては いけませんよ。さもないと、
きょうだいたちは しんでしまうでしょう。」
エリザは すぐにしごとに とりかかりました。手(て)が イラクサの
とても 小(ちい)さな トゲから でる えきで 焼(や)けつくように
いたみましたが、がまんして 編(あ)みつづけました。

Un jour, des cornes de chasse se firent entendre au loin. Un prince, accompagné de son entourage, arriva à cheval et s'arrêta devant elle. Quand leurs regards se croisèrent, ils tombèrent amoureux.

ある日(ひ) とおくで、かりの つのぶえが なりひびきました。王子(おうじ)が おともの けらいと、馬(うま)に のって ちかづいてきたかと おもうと、もう エリザの まえに たっていました。二人(ふたり)は おたがいの 目(め)が あった しゅんかん すきになりました。

Le prince prit Elisa sur son cheval et l'emmena dans son château.

王子(おうじ)は エリザを じぶんの 馬(うま)に のせて、お城(しろ)に つれてかえりました。

Le très puissant trésorier fut loin d'être content de l'arrivée de cette beauté muette : c'était sa fille à lui qui devait devenir la femme du prince !

いつも いばっている
たからものがかりは、口(くち)の
きけない うつくしい人(ひと)が
お城(しろ)に ついたとき、まったく
よろこびませんでした。じぶんの
むすめが 王子(おうじ)の はなよめに
なるべきだと おもっていたのです。

Elisa n'avait pas oublié ses frères. Chaque soir, elle poursuivait son travail sur les chemises. Une nuit, elle alla au cimetière pour cueillir des orties fraiches. Le trésorier l'observa en cachette.

エリザは きょうだいたちのことを わすれてはいませんでした。
まい晩(ばん) シャツを 編(あ)みつづけたのです。
ある夜(よ)、しんせんな イラクサを とりに 墓地(ぼち)へ でかけていきました。そのとき、たからものがかりが こっそり エリザを 見(み)ていました。

Dès que le prince partit à la chasse, le trésorier fit enfermer Elisa dans le donjon. Il prétendait qu'elle était une sorcière qui se réunissait avec d'autres sorcières la nuit.

王子(おうじ)が かりに でかけると すぐ、たからものがかりは エリザを ろうやに いれてしまいました。
エリザは 魔女(まじょ)で、夜(よる)に ほかの 魔女(まじょ)と あっていると いうのです。

Au petit matin Elisa fut emmenée par les gardes. Elle devait être brûlée sur la place du marché.

夜(よ)あけに みはりが エリザを
むかえにきました。市(いち)の たつ
ひろばで 火(ひ)あぶりに
されることに なっていました。

A peine y fut-elle arrivée qu'onze cygnes arrivèrent en volant. Elisa, très vite, jeta une chemise d'orties sur chacun d'eux. Bientôt, tous ses frères étaient devant elle en forme humaine. Seul le plus petit, dont la chemise n'était pas terminée, avait encore une aile à la place d'un bras.

エリザが ひろばに つくやいなや、どこからともなく
十一羽(じゅういちわ)の まっ白(しろ)な はくちょうが
とんできました。
エリザは すばやく 一羽一羽(いちわいちわ)に イラクサの シャツを
なげかけました。やがて、きょうだいたちは みんな 人間(にんげん)
の すがたに もどって、エリザの まえに たっていました。いちばん
すえの きょうだいだけは シャツが できあがらなかったので、
かたほうの うでが まだ つばさの ままでした。

Les frères et la sœur étaient encore en train de s'étreindre et de s'embrasser quand le prince revint. Elisa put enfin tout lui expliquer. Le prince fit jeter le méchant trésorier dans le donjon. Après quoi, le mariage fut célébré pendant sept jours.

Et ils vécurent heureux et eurent beaucoup d'enfants.

エリザたちが まだ、だきあったり キスしたりして
よろこんでいたとき、王子(おうじ)が もどってきました。
エリザは やっと 王子(おうじ)に 今(いま)までのことを のこらず
はなすことが できました。
王子(おうじ)は わるい たからものがかりを ろうやに いれました。
それから、七日間(なのかかん)、けっこんしきが とりおこなわれ
ました。

めでたし めでたし。

Hans Christian Andersen

Hans Christian Andersen est né en 1805 dans la ville danoise d'Odense et est mort en 1875 à Copenhague. Avec ses contes de fées tels que « La Petite Sirène », « Les Habits neufs de l'empereur » ou « Le Vilain Petit Canard », il s'est fait connaitre dans le monde entier. Ce conte-ci, « Les cygnes sauvages », a été publié en 1838. Il a été traduit en plus d'une centaine de langues et adapté pour une large gamme de médias, y compris le théâtre, le cinéma et la comédie musicale.

Here is *The Wild Swans* in a Kanji-enriched and a Romaji version.

The Romaji transcription uses a version of the Hepburn System.

ののはくちょうのお話を、たくさん漢字を使ったテキストとローマ字のテキストに

ローマ字は、ヘボン式で書きました。

のの はくちょう
野の 白鳥
No no hakuchô

むかしむかし、 じゅうに にん の おうさま の こども たち が ありました。
昔々、 十二 人 の 王様 の 子 供達 が ありました。
Mukashi mukashi、jûni nin no ôsama no kodomo tachi ga arimashita。

じゅういちにんの おとこ の きょうだい と あね の エリザです。
十一 人 の 男 の 兄弟 と 姉 の エリザです。
Jûichi nin no otoko no kyôdai to ane no eriza desu。

すばらしく うつくしい おしろ に しあわせ に くらして いました。
素晴らしく 美しい お城 に 幸せ に 暮らして いました。
Subarashiku utsukushii oshiro ni shiawase ni kurashite imashita。

あるひ、おかあさまが なくなって しまいました。
ある日、お母様 が 亡くなって しまいました。
Aruhi、okâsama ga nakunatte shimaimashita。

しばらくすると、 おうさま は あたらしい おきさき を むかえました。
暫らく すると、王様 は 新しい お后 を 迎えました。
Shibaraku suruto、ôsama wa atarashii okisaki o mukaemashita。

ところが、そのおきさきは わるい まじょ でした。
所 が、その お后 は 悪い 魔女 でした。
Tokoro ga、sono okisaki wa warui majo deshita。

じゅういち にんの おうじ をまほうで はくちょうに かえて、
十一 人 の 王子 を 魔法 で 白鳥 に 変えて、
Jûichi nin no ôji o mahô de hakuchô ni kaete、

おおきな もりの　　むこうの とおいくにへ おいはらって しまいました。
大きな 森 の 　向こうの 遠い 国 へ 追い払って しまいました。
ôkina　　mori no　　mukô no tôi　　kuni e oiharatte　　shimaimashita。

おきさきは むすめ に ぼろを きせ、みにくい ぬりぐすりをかおにすりこみました。
お后 は娘 にボロを 着せ、醜い 塗り薬 を顔 に 擦り込みました。
Okisaki wa　musume ni　boro o　kise、minikui　nurigusuri　o kao　ni surikomimashita。

すると、じつの おとうさまで さえ むすめ がわからなく なっておしろ から
すると、実 のお父様で 　さえ娘 がわからなく なってお城 から
Suruto、jitsu no o tôsamade　sae　musume ga wakaranaku natte　oshiro kara

おいだしてしまいました。
追い出してしまいました。
oidashite　shimaimashita。

エリザは くらい もりの なか へ かけこみました。
エリザは 暗い 森 の中 へ 駆け込みました。
Eriza wa　kurai　mori no naka e　kakekomimashita。

エリザは いま、ひとりぼっちに なって、
エリザは 今、 一人ぼっち になって、
Eriza　wa ima、hitoribocchi　ni natte、

いなくなった きょうだい たちを こころから こいし がりました。
居なくなった 兄弟 達 を 心から 恋し がりました。
inakunatta　kyôdai　tachi o　kokorokara　koishi　garimashita。

ばんに なると、きのしたに こけのベッドを こしらえました 。
晩 になると、木の下 に 苔 のベッドを こしらえました。
Ban ni naruto、ki no shita ni koke no beddo o koshiraemashita。

つぎのあさ、エリザはひっそりとしたみずうみにやってきました。
次 の朝、 エリザはひっそりとした湖 に 遣ってきました。
Tsugi no asa、eriza wa hissori　to shita mizuumi ni yatte　kimashita。

そしてすいめんにうつったかをみてびっくりしました。
そして 水面 に 映った 顔 を見てびっくりしました。
Soshite suimen　ni　utsutta　kao o　mite bikkuri　shimashita。

けれども みず　　であらうと、エリザより うつくしい おうさまのこども は、
けれども 水　　　で 洗う　と、エリザより 美しい　　　王様　　　の子供　　は、
Keredomo mizu　　de arau　to、eriza　yori utsukushii ôsama　　no kodomo wa、

このよに ふたりとは　ありませんでした。
この世に 二人　とは　ありません　でした。
konoyo ni futari to wa arimasen　deshita。

いくにちも　いくにちも　かかって、エリザは おおきな うみに たどりつきました。
幾日　　も 幾日　　も 掛かって、エリザは 大きな　　海　に 辿り　着きました。
Ikunichi　mo ikunichi　mo kakatte、　eriza wa　ôkina　　umi ni tadori tsukimashita。

なみ に じゅういち まいの はくちょうの はね が ゆられて いました。
波　 に 十一　　　枚 の 白鳥　　　の 羽　が 揺られて いました。
Nami ni jûichi　　　mai no hakuchô　　no hane ga yurarete imashita。

おひさまが しずむ　と、くうちゅうで ばさっばさっと おとがして、
お日様　　が 沈む　と、空中　　　　で ばさっばさっと 音　がして、
Ohisama ga　shizumu to、kûchû　　de ba sabba　satto　oto ga shite、

じゅういちわ の の の はくちょうが すいめん に まいおりました。
十一　　　　羽 の 野の白鳥　　　が 水面　　に 舞い降りました。
jûichi　　　wa no no no hakuchô　　ga suimen　ni maiorimashita。

エリザは すぐに まほう を かけられた きょうだいたちだ と きづきました。
エリザは 直ぐに 魔法　を 掛けられた 兄弟　　　　達だ　と 気づきました。
Eriza　wa sugu ni mahô　o kakerareta　kyôdai　　tachida to kizukimashita。

けれども、はくちょうのことばが はなせなかったので、きょうだいたちの いうこと は
けれども、白鳥　　　の言葉　が 話せなかった　　ので、兄弟　　　達 の言う事　は
Keredomo、hakuchô　　no kotoba ga hanasenakatta　node、kyôdai　　tachi no iu　koto wa

わかりませんでした。
解りません　でした。
wakarimasen deshita。

ひる の あいだ、はくちょうは どこか へ とんで いきました。
昼　 の 間、　　　白鳥　　　は 何処か へ 飛んで 行きました。
Hiru no aida、　　hakuchô　　wa dokoka e tonde　ikimashita。

よる になると エリザと きょうだいたちは、ほらあな のなか でみを
夜　 になるとエリザと兄弟　　　 達　は、洞穴　　 の中　 で身を
Yoru ni naru to eriza to　kyôdai　tachi wa、horaana　no naka de mi o

よせあって あたたまりました。
寄せ合って　暖まりました。
yoseatte　　atatamarimashita。

ある よ、エリザは ふしぎな ゆめ を みました。
ある 夜、エリザは 不思議な 夢　 を 見ました。
Aru　yo、eriza　wa fushigina　yume o　mimashita。

おかあさまが きょうだいたち を すくう ほうほう を おしえて くれたのです。
お母様　　 が 兄弟　　　 達 を 救う 方法　　　を 教えて　くれたのです。
Okâsama　　ga kyôdai　　tachi o sukû　hôhô　　o oshiete　kureta nodesu。

「イラクサで いちわ いちわ に シャツを あんで はくちょうに なげかけなさい。
「刺草　　 で 一羽　一羽　 に シャツを 編んで 白鳥　　 に 投げ掛けなさい。
「Irakusa　de ichiwa ichiwa ni　shatsu o ande　　hakuchô　　ni nage kakenasai。

ただし、そのときまで は だれとも くち を きいては いけませんよ。
但し、　 その時　まで は 誰　とも口　 を 利いては いけませんよ。
Tadashi、sono toki made wa dare tomo kuchi o　kiite　　wa ikemasen　　yo。

さもないと、きょうだいたち は　しんでしまうでしょう。」
さもないと、兄弟　　　　達　は　死んでしまうでしょう。」
Sa mo nai to、kyôdai　　　tachi wa　shinde shimaudeshô。」

エリザは すぐに しごと に とりかかりました。
エリザは 直ぐに 仕事　 に 取り掛かりました。
Eriza wa　suguni shigoto ni　torikakarimashita。

て が イラクサの とても ちいさな トゲ から でる えき で やけつく ように
手 が 刺草　　 のとても 小さな　棘　 から 出る 液　 で 焼け付く 様　 に
Te ga irakusa　no totemo chiisana　toge kara　deru eki de yaketsuku yô　ni

いたみましたが、がまん して あみ　つづけました。
痛みました　が、我慢　 して 編み　 続けました。
Itamimashita　ga、gaman shite ami　　tsuzukemashita。

あるひ とおくで、かりの つのぶえ が なりひびきました。
ある日 遠くで、 狩りの 角笛 が 鳴り響きました。
Aruhi tôkude、 kari no tsunobue ga narihibikimashita。

おうじ が おともの けらいと、うま に のって ちかづいて きたかと おもうと、
王子 がお伴 の家来 と、馬 に乗って 近づいて 来たかと思う と、
Ôji ga otomo no kerai to、uma ni notte chikazuite kita ka to omô to、

もうエリザの まえに たっていました。
もうエリザの 前 に 立っていました。
mô eriza no mae ni tatte imashita。

ふたりは おたがいのめが あった しゅんかん すきに なりました。
二人 は お互い の目 が合った 瞬間 好きに なりました。
Futari wa otagai no me ga atta shunkan suki ni narimashita。

おうじ はエリザを じぶんの うまにのせて、おしろに つれて かえりました。
王子 はエリザを自分 の 馬 に 乗せて、お城 に 連れて 帰りました。
Ôji wa eriza o jibun no uma ni nosete、oshiro ni tsurete kaerimashita。

いつも いばっている たからもの がかりは、くち の きけない うつくしい ひとが
何時も 威張っている 宝物 係 は、口 の 利けない 美しい 人 が
Itsumo ibatte iru takaramono gakari wa、kuchi no kike nai utsukushii hito ga

おしろに ついたとき、まったく よろこびませんでした。
お城 に 着いた 時、全く 喜びません でした。
oshiro ni tsuita toki、mattaku yorokobimasen deshita。

じぶんの むすめ が おうじ の はなよめに なるべきだと おもって いたのです。
自分 の 娘 が王子 の 花嫁 に 為るべきだと 思って いたのです。
Jibun no musume ga ôji no hanayome ni narubekida to omotte ita nodesu。

エリザは きょうだいたちの ことを わすれては いませんでした。
エリザは 兄弟 達 の事 を 忘れて は いませんでした。
Eriza wa kyôdai tachi no koto o wasurete wa imasen deshita。

まいばん シャツを あみ つづけたのです。
毎晩 シャツを 編み 続けた のです。
Maiban shatsu o ami tsuzuketa nodesu。

ある よ、しんせんな イラクサを とりに ぼち へ でかけていきました。
ある夜、新鮮な刺草を採りに墓地へ出かけて行きました。
Aru yo、shinsen na irakusa o tori ni bochi e dekakete ikimashita。

そのとき、たからものがかりが こっそり エリザ を みていました。
その時、宝物係が こっそり エリザ を 見ていました。
Sonotoki、takaramono gakari ga kossori eriza o mite imashita。

おうじ が かりに でかけると すぐ、たからもの がかりは エリザを ろうやに いれて
王子 が 狩りに 出かけると直ぐ、宝物 係 はエリザを 牢屋 に 入れて
Ôji ga kari ni dekakeru to sugu、takaramono gakari wa eriza o rôya ni irete

しまいました。
しまいました。
shimaimashita。

エリザは まじょで、よる に ほか の まじょと あっている というのです。
エリザは 魔女 で、夜 に 他 の 魔女 と 会っている と 言うのです。
Eriza wa majo de、yoru ni hoka no majo to atte iru to iu nodesu。

よあけに みはりが エリザ を むかえにきました。
夜明けに 見張りが エリザ を 迎え に 来ました。
Yoake ni mihari ga eriza o mukae ni kimashita。

いち の たつ ひろばで ひあぶりにされること になっていました。
市 の 立つ 広場 で 火あぶりにされる事 になっていました。
Ichi no tatsu hiroba de hiaburi ni sareru koto ni natte imashita。

エリザが ひろばに つく やいなや、どこ からとも なく じゅういちわの まっしろな
エリザが 広場 に 着くや否や、何処 からとも なく 十一 羽の 真っ白な
Eriza ga hiroba ni tsuku ya inaya、doko kara tomo naku jûichi wa no masshirona

はくちょうが とんで きました。エリザは すばやく いちわいちわに
白鳥 が 飛んで 来ました。エリザは 素早く 一羽一羽 に
hakuchô ga tonde kimashita。Eriza wa subayaku ichiwa ichiwa ni

イラクサの シャツを なげかけました。やがて、きょうだいたちは
刺草の シャツを 投げ掛けました。やがて、兄弟 達 は
irakusa no shatsu o nagekakemashita。Yagate、kyôdai tachi wa

みんな にんげん の すがた に もどって、エリザの まえ に たっていました。
みんな 人間　　 の 姿　 に 戻って、　エリザの 前 に 立っていました。
minna ningen   no sugata ni modotte、eriza no mae ni tatte imashita。

いちばん すえの きょうだいだけは シャツが できあがらなかったので、
一番　　 末 の 兄弟　　　 だけは シャツが 出来上がらなかったので、
Ichiban sue no kyôdai   dake wa shatsu ga dekiagaranakatta   node、

かたほうの うで が まだ つばさ の まま でした。
片方　　 の 腕 が まだ 翼　　 の まま でした。
katahô   no ude ga mada tsubasa no mama deshita。

エリザたちが まだ、だきあったり キスしたりして よろこんでいたとき、おうじが
エリザ達　 が まだ、抱き合ったり キスしたりして 喜んで　 いた 時、 王子　が
Eriza tachi ga mada、dakiattari   kisushitari shite yorokonde ita toki、ôji   ga

もどってきました。エリザは やっと おうじに いままでの ことを
戻って 来ました。 エリザは やっと 王子　に 今まで　の 事　を
modotte kimashita。   Eriza wa yatto   ôji   ni imamade no koto o

のこらず はなす ことが できました。
残らず   話す   ことが 出来ました。
nokorazu hanasu koto ga dekimashita。

おうじ は わるい たからもの がかりを ろうやに いれました。
王子　 は 悪い 宝物　　　 係　 を 牢屋 に 入れました。
Ôji   wa warui takaramono gakari o rôya   ni iremashita。

それから、なのかかん、けっこんしき が とりおこなわれました。
それから、七日間、　　 結婚式　　　 が 執り行わ　 れました。
Sorekara、 nanokakan、 kekkonshiki ga toriokonawa   remashita。

めでたし めでたし。
愛でたし 愛でたし。
Medetashi medetashi。

ローマ字一覧表　ヘボン式
Rômaji Table (Hepburn System)

ひらがな　Hiragana

あ a	い i	う u	え e	お o				
か ka	き ki	く ku	け ke	こ ko		きゃ kya	きゅ kyu	きょ kyo
さ sa	し shi	す su	せ se	そ so		しゃ sha	しゅ shu	しょ sho
た ta	ち chi	つ tsu	て te	と to		ちゃ cha	ちゅ chu	ちょ cho
な na	に ni	ぬ nu	ね ne	の no		にゃ nya	にゅ nyu	にょ nyo
は ha	ひ hi	ふ fu	へ he	ほ ho		ひゃ hya	ひゅ hyu	ひょ hyo
ま ma	み mi	む mu	め me	も mo		みゃ mya	みゅ myu	みょ myo
や ya		ゆ yu		よ yo				
ら ra	り ri	る ru	れ re	ろ ro		りゃ rya	りゅ ryu	りょ ryo
わ wa				を o				
ん n								
が ga	ぎ gi	ぐ gu	げ ge	ご go		ぎゃ gya	ぎゅ gyu	ぎょ gyo
ざ za	じ ji	ず zu	ぜ ze	ぞ zo		じゃ ja	じゅ ju	じょ jo
だ da	ぢ ji	づ zu	で de	ど do				
ば ba	び bi	ぶ bu	べ be	ぼ bo		びゃ bya	びゅ byu	びょ byo
ぱ pa	ぴ pi	ぷ pu	ぺ pe	ぽ po		ぴゃ pya	ぴゅ pyu	ぴょ pyo

カタカナ Katakana

ア a	イ i	ウ u	エ e	オ o				
カ ka	キ ki	ク ku	ケ ke	コ ko		キャ kya	キュ kyu	キョ kyo
サ sa	シ shi	ス su	セ se	ソ so		シャ sha	シュ shu	ショ sho
タ ta	チ chi	ツ tsu	テ te	ト to		チャ cha	チュ chu	チョ cho
ナ na	ニ ni	ヌ nu	ネ ne	ノ no		ニャ nya	ニュ nyu	ニョ nyo
ハ ha	ヒ hi	フ fu	ヘ he	ホ ho		ヒャ hya	ヒュ hyu	ヒョ hyo
マ ma	ミ mi	ム mu	メ me	モ mo		ミャ mya	ミュ myu	ミョ myo
ヤ ya		ユ yu		ヨ yo				
ラ ra	リ ri	ル ru	レ re	ロ ro		リャ rya	リュ ryu	リョ ryo
ワ wa				ヲ o				
ン n								
ガ ga	ギ gi	グ gu	ゲ ge	ゴ go		ギャ gya	ギュ gyu	ギョ gyo
ザ za	ジ ji	ズ zu	ゼ ze	ゾ zo		ジャ ja	ジュ ju	ジョ jo
ダ da	ヂ ji	ヅ du	デ de	ド do				
バ ba	ビ bi	ブ bu	ベ be	ボ bo		ビャ bya	ビュ byu	ビョ byo
パ pa	ピ pi	プ pu	ペ pe	ポ po		ピャ pya	ピュ pyu	ピョ pyo

Barbara Brinkmann est née à Munich en 1969 et a grandi dans les contreforts bavarois des Alpes. Elle a étudié l'architecture à Munich et est actuellement associée de recherche à la Faculté d'architecture de l'Université technique de Munich. En outre, elle travaille en tant que graphiste, illustratrice et écrivaine indépendante.

Cornelia Haas est née en 1972 à Ichenhausen près d'Augsbourg. Après une formation en apprentissage de fabricant d'enseignes et de publicités lumineuses, elle a fait des études de design à l'université de sciences appliquées de Münster où elle a obtenu son diplôme. Depuis 2001, elle illustre des livres pour enfants et adolescents, depuis 2013, elle enseigne la peinture acrylique et numérique à la à l'université de sciences appliquées de Münster.

Marc Robitzky, né en 1973, a fait ses études à l'école technique d'art à Hambourg et à l'académie des arts visuels à Francfort. Il travaille comme Illlustrateur indépendant et graphiste à Aschaffenburg (Allemagne).

Ulrich Renz est né en 1960 à Stuttgart (Allemagne). Après des études de littérature française à Paris, il fait ses études de médecine à Lübeck, puis dirige une maison d'édition scientifique et médicale. Aujourd'hui, Renz écrit des essais et des livres pour enfants et adolescents.

Tu aimes dessiner ?

Voici les images de l'histoire à colorier :

www.sefa-bilingual.com/coloring

www.ingramcontent.com/pod-product-compliance
Lightning Source LLC
LaVergne TN
LVHW070439080526
838202LV00035B/2663